LES IDÉES

DE JEAN-FRANÇOIS

—

II

LA DEMI-INSTRUCTION

PAR

JEAN MACÉ

—

PARIS

EMMANUEL VAUCHEZ, ÉDITEUR

175, RUE SAINT-HONORÉ, 175

—

1872

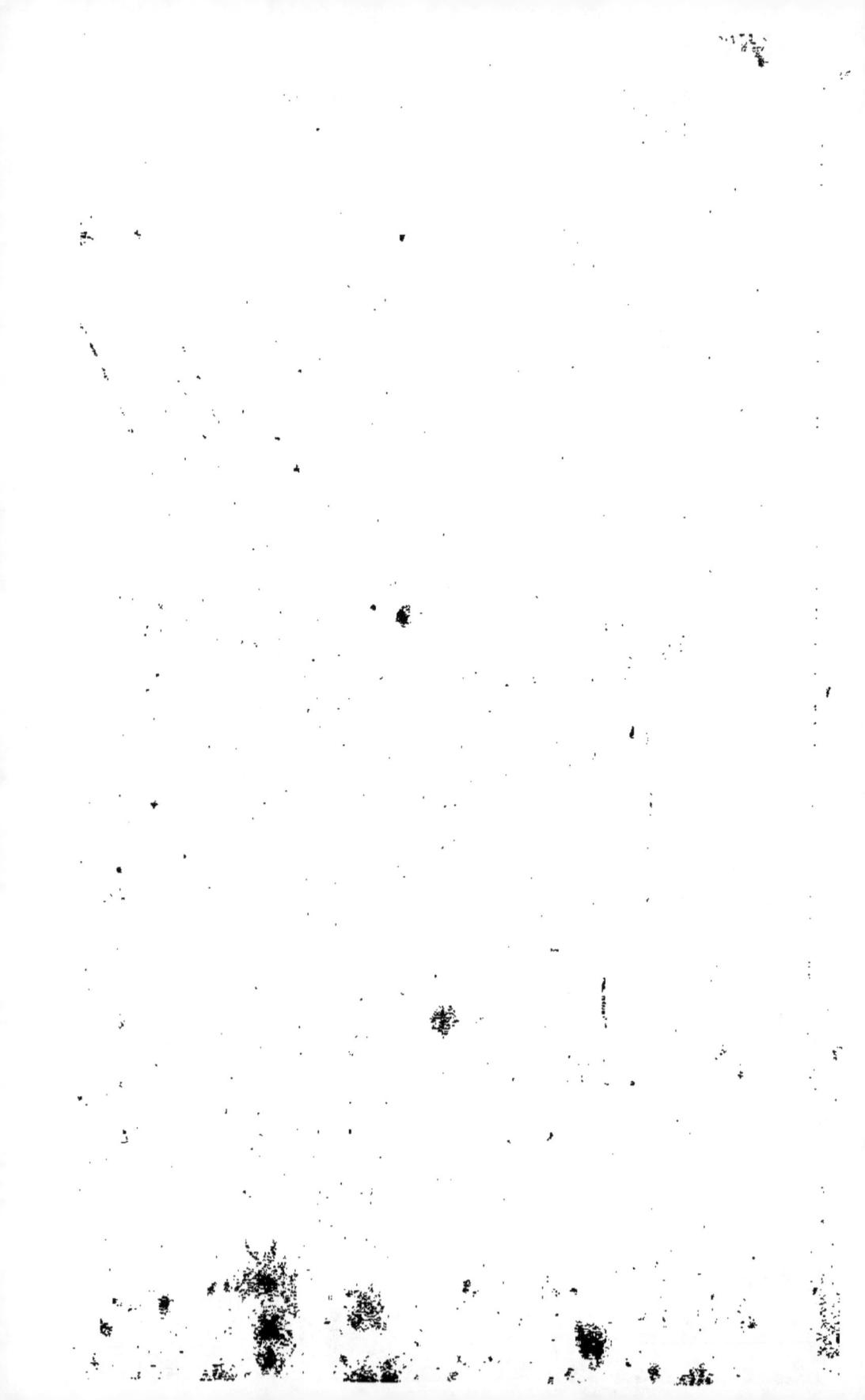

LA DEMI-INSTRUCTION

—

L'on discutait ces jours-ci, dans les bureaux de l'Assemblée, le pauvre petit projet de loi de Jules Simon sur l'instruction obligatoire. Si petit qu'il ait cherché à se faire, il reste trop gros, paraît-il, et court grand risque de ne pas pouvoir passer. Je vous laisse à juger ce qu'il aurait eu de chances, se présentant avec la taille raisonnable qu'on aurait pu lui souhaiter. Que voulez-vous, en effet, proposer à des gens qui en sont encore à faire des raisonnements comme celuici, — je l'extrais d'un compte rendu de la discussion dans les bureaux :

M. de Tarteron aime bien « mieux l'ignorance naïve du » paysan, cent fois préférable, » dans son honnête rusticité, » à celle demi instruction qui... » etc. »

Allez donc parler d'école obligatoire à des philosophes de celle force-là ! L'ignorance du paysan étant cent fois préférable à une demi-instruction, comme il est assez clair qu'il ne recevra pas une instruction entière dans son école, il en résulte nécessairement que, pour bien faire, il faudrait fermer dès à présent toutes nos écoles de village. Voilà une économie toute trouvée ! Et quel magnifique progrès à réaliser, par-dessus le marché, dans notre malheureux pays qui a tant besoin de progrès! Pensez-donc: cent fois préférable!

Mais pourquoi s'arrêter en si beau chemin? L'ignorance du paysan est bonne; on vous l'accorde, monsieur le député. Et celle de l'ouvrier, la croyez-vous mauvaise? Non pas, bien sûr. Celui-là est encore bien plus menacé de la demi-instruction que le paysan; car, si incomplet que soit l'enseignement des écoles primaires dans nos villes, il l'emporte toujours un peu sur celui des écoles de village, et l'esprit des écoliers y est en danger plus grand de s'éveiller. Une fois éveillé et mis en marche, qui sait dans quelles aberrations funestes il pourra tomber? Nous n'en avons que trop d'exemples, et d'assez terribles, n'est-ce pas? Croyez-moi, fermons aussi les écoles des villes. Ce sont les plus dangereuses.

Je me trompe. Il y en a de bien plus dangereuses encore.

Et les colléges, y compris ceux des bons pères, où l'on ne donne pas autre chose, j'en suis fâché pour eux, qu'une demi - instruction, qu'en ferons-nous, s'il vous plaît? Faudra-t-il laisser ouvertes ces maisons de perdition dans lesquelles les esprits s'éveillent encore bien davantage, quoi qu'on puisse faire, que dans les écoles primaires? Pourquoi donc l'ignorance naïve du bourgeois, et du noble aussi, ne serait-elle pas également cent fois préférable? Est-ce que l'esprit humain est fait autrement chez eux qu'à la campagne? N'est-il pas sujet partout aux mêmes erreurs, aux mêmes entraînements coupables? Pourquoi laisser aux classes dites privilégiées ce fatal privilège de l'éveil des esprits qui peut tout perdre?

Les ancêtres de M. de Tarteron — il est à croire que son *de* vient de loin — se faisaient gloire de ne pas savoir signer leur nom. Ils étaient dans le vrai de sa doctrine, et n'auraient en garde de s'exposer aux périls de la demi - instruction qu'il a reçue.

On peut le lui dire sans offense : nous en sommes tous là.

Il est certain, par exemple, qu'il eût mieux valu pour lui ignorer naïvement la question à laquelle il a touché que d'en avoir une demi-connaissance, ou, si vous l'aimez mieux, de n'en avoir regardé qu'un des côtés. Il ne se serait pas fait l'éditeur responsable d'une odieuse absurdité qui se repasse de bouche en bouche, non pas sans naïveté, entre gens bien pensants, et qu'il aura ramassée de confiance dans ses conversations.

Disons-lui deux mots, puisque nous la prenons en flagrant délit de publicité.

Parler chez nous des dangers de la demi-instruction à propos des écoles du peuple où l'on n'apprend rien, j'entends rien de ce qui pourrait faire travailler les têtes, ce serait évidemment se moquer du monde si l'on se rendait bien compte de ce que l'on dit. La demi-instruction est ailleurs, et je ne vois pas trop où l'on pourrait aller chercher l'instruction entière, s'aventurât-on jusqu'à l'Académie des Sciences, qui compte de parfaits ignorants sur beaucoup de points, de par le droit à peu près légitime de leurs spécialités.

L'ensemble des connaissances humaines est devenu

un fardeau trop lourd, que
nuls reins ne sauraient porter, pas même ceux des
ayants droit, si l'on voulait les
en croire, à la domination.
Faites-vous montrer le programme des études de ces
hautes écoles du dernier degré, où l'on dresse à la
clergie, comme disaient nos
pères, ceux dont on veut
faire les chefs spirituels du
pays. Je doute fort que vous
le trouviez complet, à moins
d'y mettre une forte dose de
complaisance ; et quelle fi-

gure ferait, je vous prie, M. le
curé, si l'on s'avisait de lui
vanter l'ignorance naïve cent
fois préférable à sa demi-
instruction ? Demi, hélas !
n'est pas toujours le vrai
mot.

Il faut bien pourtant qu'il
y ait un sens caché sous
cette formule à laquelle on se
cramponne avec acharne-
ment, à chaque fois qu'il
est question d'apprendre
à lire au peuple, et dont
on ferait meilleur marché
si elle ne caressait rien

dans l'âme de ceux qui l'em-
ploient.

Un sens caché! Sans doute,
il y en a un; mais on ne
l'avouera pas; parce qu'il est
inavouable, parce qu'on ne
se l'avoue peut-être pas à
soi-même. C'est un souvenir
inconscient des temps qui ne
sont plus; une tradition hors
d'usage que les mémoires ont
conservée comme on con-
serve dans les collections
des monnaies qui n'ont plus
cours, une vérité de jadis;
alors que le peuple des cam-

pagnes n'était qu'une bête de somme.

Je me demande ce qui arriverait si quelque génie, comme on n'en a jamais vu, trouvait un procédé pour mettre les bœufs en état d'aller à l'école, et qu'il vînt en faire la proposition dans nos villages au nom du progrès. Vous figurez-vous qu'on se rabattrait sur la naïve ignorance de ces bonnes bêtes, cent fois préférable à la demi-instruction de l'école? On n'irait pas, j'imagine, par quatre chemins, et l'on dirait sans plus de façon à l'inventeur :

« Vous nous la baillez belle avec votre progrès qui nous ruinera. Pourquoi donc leur apprendre à lire ? Pour qu'ils lisent, n'est-ce pas ? Pour que les écrivailleurs leur mettent des idées folles en tête, leur apprennent à raisonner la charrue et à discuter l'abattoir. A d'autres ! Bœufs ils sont, bœufs ils resteront. »

Voilà ce qui a pu se dire en France pendant de longs

2.

siècles, et il ne serait pas juste de s'en prendre au moyen âge. Cela date de bien plus loin, témoin cette phrase des *Commentaires de César* :

« Dans toute la Gaule, il
» n'y a que deux classes
» d'hommes qui soient comp-
» tées pour quelque chose et
» considérées : celles des
» druides et des chevaliers.
» Pour le bas peuple, il n'a
» guère que le rang d'esclave,
» n'osant rien par lui-même,
» et n'étant admis à aucun
» conseil. »

La condition de l'ignorance forcée de ce bas peuple s'imposait d'elle-même à ces druides et à ces chevaliers de la vieille Gaule. Après eux, elle est restée naturellement une loi incontestée tant qu'a duré le martyrologe de ce pauvre Jacques Bonhomme, ployé sous le joug et l'aiguillon, héritier patient et résigné de l'antique esclavage. Et comment permettre à ses yeux de quitter la terre? Il y allait du salut de la société d'alors, assise sur son dos.

Cette société-là est tombée à la fin, Dieu merci ! Ses procédés, non plus que son langage, ne sont pas de mise avec les paysans d'aujourd'hui. Bœufs ils ne sont plus. Le 14 juillet 1789 leur a ouvert les portes de l'étable ; le 24 février 1848 en a fait des souverains, exactement du même calibre que nos druides et nos chevaliers. C'est abominable ; mais c'est comme cela.

Reste l'ignorance invétérée des campagnes qui rend illusoire jusqu'à nouvel ordre ce beau droit de souveraineté, trop difficile à exercer dans les ténèbres, et maintient debout, par la force de l'habitude, les dominations qu'on se figurait avoir renversées. C'est le licou qu'emporte le bétail échappé, par lequel on le ramène où il doit brouter.

Que devenir s'il casse, et comment faire pour qu'il ne casse pas ?

On ne pouvait plus guère dire, comme autrefois, à ces parvenus du vote, que l'instruction n'est pas faite pour eux, qu'ils ne doivent rien lire, qu'il leur est défendu de penser. Ils auraient été capables de le prendre mal, et il y a des considérations électorales que la prudence ne permet pas de perdre de vue.

C'est ici que les malins du parti ont fait merveille. Ils ont inventé, pour la commodité du langage, cette ritournelle de la demi-instruction, qui n'a rien d'offensant pour le bon paysan, puisqu'elle le déclare cent fois mieux comme il est, vierge de savoir, et qui sauve tout, en définitive, puisque la demi-instruction pour lui, c'est d'apprendre à lire. La formule a de plus cela d'admirable qu'elle met en repos les consciences timorées. Tel qui aurait honte vis-à-vis de lui-même de refuser, en principe, au « bas peuple » le droit d'instruction, se rassure et se console à la pensée que c'est pour son bien qu'on l'envoie du côté où n'est pas l'école. — L'instruction, sans doute, lui serait bonne, qui veut le nier ? Mais la demi ne lui vaut rien, et comme on n'a pas mieux à lui offrir, foin de l'école obligatoire ! C'est dans son intérêt, le seul qui nous touche. — Il est impossible de mieux raisonner, en citoyen plus sensé, en meilleur ami du peuple.

Et voilà pourquoi la commission chargée de faire les honneurs de l'Assemblée au projet de loi de M. Jules Simon s'est donné pour président Mgr Dupanloup, un chaud partisan de l'instruction populaire. Il le proclamait *lui-même*, il n'y a pas trois mois, dans une de ces nombreuses lettres qu'il prodigue si généreusement à la presse française.

Seulement, qu'on ne lui parle pas de la demi-instruction !

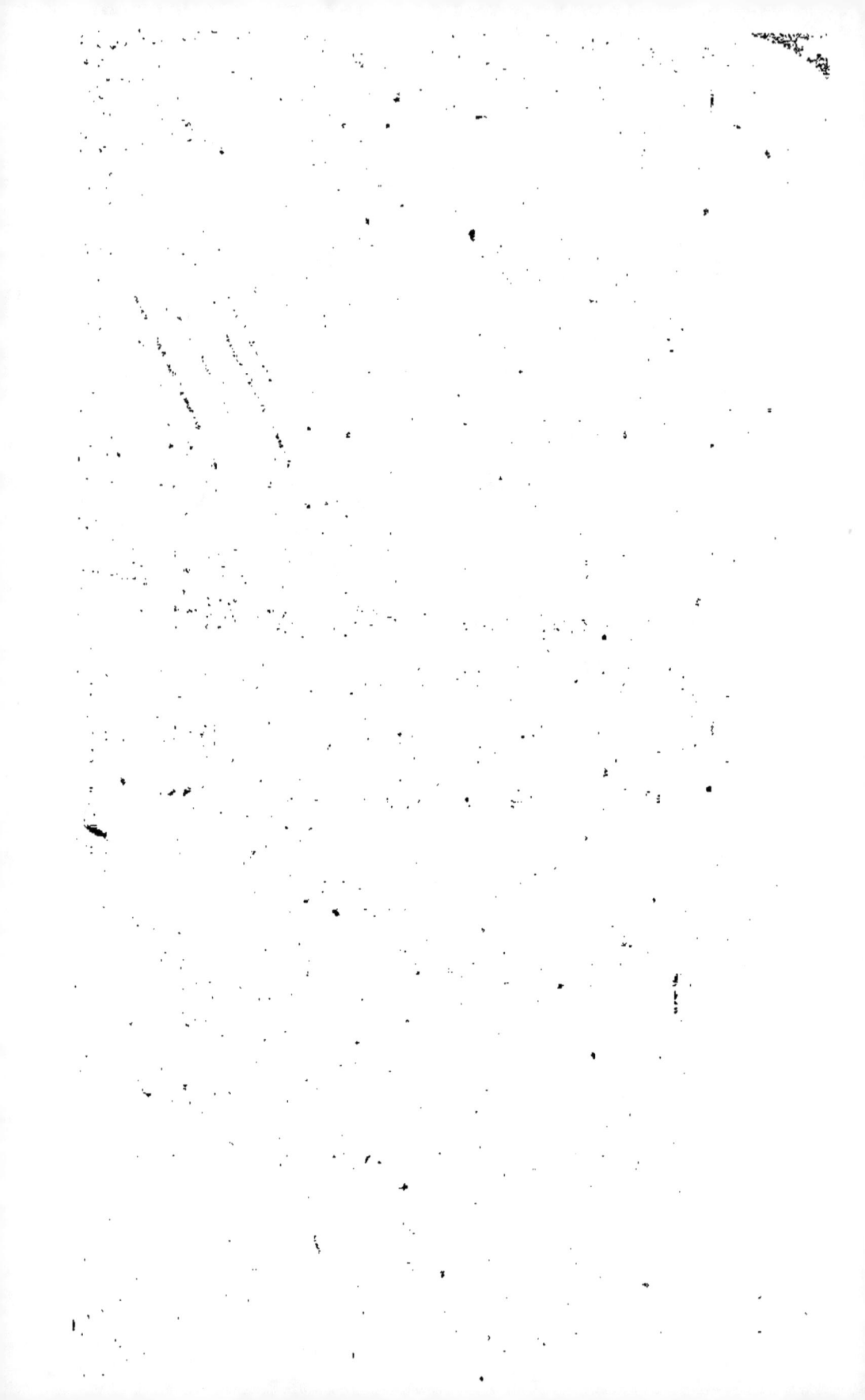

L'APPRENTISSAGE ÉLECTORAL

—

Le pétitionnement organisé
par nos évêques contre le
principe de l'instruction obligatoire vient de réveiller en
moi un souvenir qui n'a pas
beaucoup l'air de s'y ratta-
cher. Les associations d'idées
sont parfois si fantaisistes !

Je repense donc à cette
école de médecine que j'ai

visitée au Caire, où le khé-
dive fait instruire à ses frais,
d'un côté des apprentis-doc-
teurs, de l'autre des élèves
sages-femmes ; le tout pris
dans ce que les écoles de ses
fellahs ont de plus intelligent.
Les examens passés, on marie
ensemble un docteur et une
sage-femme, et l'on envoie le
couple médical exercer de
compte à demi dans la com-
mune que le gouvernement
abandonne à ses soins.

L'Égypte est la terre natale
des castes et de l'hérédité des

fonctions. Représentez-vous les fonctions de ces ménages, issus de la Faculté, déclarées héréditaires en Égypte, et la corporation des derviches-tourneurs, qui sont les saints du pays, pétitionnant tout le long du Nil pour investir ces parents-là, au nom des intérêts les plus sacrés, du droit de laisser grandir leurs enfants sans aucune instruction! En cherchant bien, on trouverait dans le Coran, j'en suis sûr, de bonnes raisons à donner.

Peut-être bien le pauvre fellah, habitué à être traité à la diable dans ses maladies, quelquefois même à ne pas être traité du tout, se laisserait-il prendre aux tirades des hommes de Dieu sur les libertés inviolables du père de famille, et les dangers courus par la religion. On pourrait peut-être, en lui mettant le roseau taillé entre les doigs et lui conduisant la main, l'amener à tracer sa croix, que dis-je? son croissant sur la pieuse pétition,

sauf, au besoin, à ne pas lui
dire ce qu'il y a d'écrit des-
sus. Mais je vous laisse à
penser quelles protestations
indignées feraient entendre
les hommes de sens, menacés
de se voir, dans un temps
donné, saignés, purgés, drogués par des ânes.

— Il s'agit bien, s'écrie-
raient-ils, des libertés du père
de famille, quand nos fa-
milles, à nous, vont courir le
risque d'être empoisonnées
en toute occasion ! De bon
compte, et sans faire tort à la

religion, c'est bien le moins pourtant que nos docteurs soient en état d'écrire leurs ordonnances !

Disons-nous autre chose, et n'est-ce pas aussi des ordonnances de médecin que ces bulletins de vote qui peuvent exercer une influence si directe sur la santé et la constitution de tout un pays? Les mains d'où sont tombés, il y aura bientôt deux ans, des oui qu'elles n'auraient pas su écrire, ne nous ont-elles pas drogués au rebours du bon sens? Et quelle audace, entre nous, à ceux qui ont fait faire cette campagne des oui par leurs curés, de les mettre encore en campagne pour conjurer, comme une invention de Satan, l'instruction obligatoire réclamée de tous les côtés à la fois, précisément pour prévenir le retour de pareilles âneries?

Les surfaces de cette question de l'instruction obligatoire s'étendent si loin, elles touchent à tant de choses,

3.

qu'on a pu en faire déjà des volumes sans épuiser la matière, si bien qu'on en fera encore très-certainement, s'il est nécessaire.

Toutefois, elle a en France, pays de suffrage universel, un point central, autour duquel le reste gravite ; il vaut mieux peut-être ne pas s'en écarter dans la discussion, parce qu'il n'offre pas de prise à l'adversaire, dont la rhétorique n'y saurait trouver à mordre. C'est cette nécessité indiscutable de l'ap-

prentissage électoral, aussi
indispensable que n'importe
quel autre, plus encore
pour qui sait raisonner.

Eh quoi ! si vous saviez
qu'un enfant aura la charge
un jour de faire vos souliers,
et qu'il vous chaussera bon
gré mal gré, vous n'auriez
pas de repos que vous ne
soyez bien assuré qu'on lui
apprend à couper le cuir, à
manier l'alène et le marteau.
Cela saute si bien aux yeux,
que l'idée d'invoquer pour
lui une dispense ne viendrait
jamais à personne.   3

Or, voilà un enfant qui sera électeur un jour ! Il deviendra un des arbitres de nos destinées ; il tiendra pour sa part notre vie à tous dans ses mains ! Qu'est-ce, à côté, que ce misérable détail d'un pied à chausser ? Et l'on croit possible que cet enfant n'aille pas à l'école, que l'intelligence appelée à le guider plus tard dans des fonctions si formidables, ne reçoive pas même un commencement de culture ! Cette dispense impie, dont la pensée seule devrait faire frémir, ce n'est pas assez de l'admettre ; on l'exige avec emportement, on remue ciel et terre pour l'enlever de haute lutte ! Non, il n'y a ni père de famille, ni pétition, ni curé qui tienne ; non, cela ne peut pas être et ne sera pas. Gémissez, maudissez, argumentez : le cri de la conscience publique s'élève contre vous ; il faudra bien qu'il soit le plus fort.

Nous parlons d'apprentissage électoral. Hélas ! se fait-il réellement, dans cette mal-

heureuse école, objet d'espé-
rances si bruyantes d'un
côté, de frayeurs plus bruyantes encore de l'autre ? Ah! le
bon billet qu'aura la patrie
quand le pauvre petit aura
passé par l'espèce d'enseignement qui s'y donne, qu'il
saura ses quatre règles et
son catéchisme, et qu'il
pourra écrire son nom sur un
bulletin! Le voilà aussi bien
préparé à son métier d'électeur que le serait au sien le
médecin mis en état, selon le
vœu modeste énoncé tout à

l'heure, d'écrire ses ordonnances, qui n'aurait pas
poussé plus loin ses études
médicales! Connaissez-vous
beaucoup de familles dispo-
sées à se contenter de cette
garantie de capacité pour un
faiseur d'ordonnances?

Cet apprentissage obliga-
toire qu'il faut faire entrer
dans nos lois et dans nos
mœurs, si nous voulons ne
pas périr, ne nous figurons
donc pas qu'il aura cause
gagnée quand tous les enfants
iront à l'école que nous

avons. Bien d'autres progrès resteront encore à réaliser, et dans l'école, et hors de l'école, bien plus importants sans contredit que celui-là, qui serait à peu près stérile s'il demeurait seul.

Pourquoi donc cet acharnement à lui barrer le chemin ? L'horreur de l'instruction populaire va-t-elle si loin chez ceux qui ne la veulent pas obligatoire, que même à cet état dérisoire, insignifiant, ils tiennent absolument à se sentir protégés contre elle par l'incurie, l'ineptie des parents, et ces honteuses habitudes d'exploitation de l'enfance qui nous vaudront un jour des mépris trop mérités? Peut-être ; mais, à coup sûr, ce n'est pas là le vrai motif de cette prise d'armes universelle, de cette croisade d'un nouveau genre entreprise pour défendre contre les infidèles la Terre-Sainte de l'ignorance.

C'est vrai, l'enfant d'aujourd'hui ne fera pas son apprentissage d'électeur à cette école où nous demandons qu'il soit envoyé par la loi ; il le fera si peu, du moins, que ce n'est vraiment pas la peine d'en parler. Mais la loi qui l'y enverra aura reconnu, proclamé l'urgence de cet apprentissage indispensable ; dès lors, il faudra qu'il se fasse. C'est donc une brèche qu'il s'agit d'ouvrir, par où les progrès nécessaires entreront l'un après l'autre dans la place. On le comprend parfaitement, et l'on se défend en conséquence. Com-

prenons-le aussi, et mettons
à l'attaque le même acharnement qu'on met à la défense.
On lance des lettres pasto-
rales ; lançons des publica-
tions. On prêche en chaire ;
prêchons dans les réunions
publiques. On pétitionne,;
pétitionnons.

Il n'y a pas longtemps encore, on pouvait croire la
question obligatoire résolue
par la manifestation si impo-
sante des conseils généraux,
et juger superflu tout nouvel
effort sur un terrain qui sem-

blait conquis. Mais, puisqu'on recommence la lutte
avec un dédain cynique des
nécessités les plus impérieu-
ses de la situation qui nous a
été faite, il n'est pas permis
de s'y dérober. Cela devient
un devoir sacré d'opposer
aux listes de signatures im-
plorant la dispense de l'apprentissage électoral d'autres
listes réclamant son obliga-
tion.

On vient de voir, dans cette
grosse affaire de l'impôt sur
les matières premières, com-

ment s'imposent à une As-
semblée les volontés du
dehors légalement et résolû-
ment exprimées. Cette affaire-
ci est plus grosse encore, je
ne crains pas de le dire. Elle
va donner la mesure des
deux forces qui se disputent
la direction du pays, et qui
vont s'y heurter face à face.
Allons-nous décidément faire
du nouveau, mettre à profit
la dure leçon que nous ont
donnée les événements, nous
préparer, je ne dirai pas à une
revanche, — il est bien ques-

tion de cela, vraiment ! — mais à la régénératien qui seule peut nous sauver, et dont nous prenons si peu le chemin jusqu'à présent ? Ou bien allons-nous continuer l'empire, ses pompes et ses œuvres, sous telle enseigne qu'il plaira aux circonstances de lui donner, nous traîner servilement dans ses erre-ments maudits, demeurer courbés sous les influences qui nous gouvernaient, lui régnant ; rester après ce que nous étions avant ?

C'est cette partie-là qui va se jouer. A ceux qui ne comprendraient pas bien de quoi il retourne, je donne à méditer cette phrase si triste et si vraie de M. Georges Lafargue, dans le livre plein de sens et de cœur qu'il a intitulé : *Éducation primaire obligatoire :*

« NOUS N'ÉTIONS PAS A NOTRE RANG. *Il a fallu descendre à la vraie place que nous assignait le niveau intellectuel et moral de notre pays.* »

Il a fallu descendre !

Ou nous remonterons, ou nous glisserons plus bas, il est bon de nous le dire. On ne se maintient pas à demeure sur ces pentes-là.

Un mot sur l'instruction obligatoire

Voici la déclaration de l'Evêque d'Orléans à laquelle il est fait allusion à la page 27. Elle était contenue dans une lettre adressée à l'*Impartial du Loiret.*

« Je désire autant que qui
» que ce soit qu'il n'y ait pas
» un seul jeune Français, ni
» une seule jeune Française
» qui ne sache lire et écrire ».

On ne saurait mieux dire —
comme idée, s'entend — et
savez-vous bien qu'il nous
reste terriblement à faire
avant que ce désir, assurément bien vif, puisqu'il ne le
cède à nul autre, se trouve
enfin satisfait. Il est grand
chez nous le nombre des
vieux et des jeunes qui n'ont
pas ce savoir tant désiré pour

4.

tous. Ce n'est pas avec des souhaits en l'air qu'on le leur donnera.

-Nous autres, qui sommes aussi d'avis que tous les jeunes Français et toutes les jeunes Françaises devraient savoir lire et écrire, nous autres qui le désirons de toute notre âme, sans mesurer à l'aune d'autrui la taille de notre désir, nous n'avons trouvé rien de mieux pour l'obtenir que de réclamer une loi qui force les parents à envoyer leurs enfants à l'é-

cole, et qui, pour en tenir la
porte large ouverte à tout le
monde, déclare l'école gra-
tuite, comme l'église l'est
déjà, à l'heure du service public, quand on n'a rien de
personnel à demander au
prêtre.

C'est comme cela, et non
autrement, qu'on s'y est pris
pour rendre ce grand service
aux jeunes Suisses des deux
sexes, aux jeunes Danois,
aux jeunes Suédois, qui
maintenant, grâce à l'Instruction obligatoire que nous ap-

4

pelons de nos vœux, savent
tous lire et écrire. Je ne parle
pas des jeunes Prussiens,
dont on parlera bien assez
sans moi. C'est comme cela
aussi qu'on entend s'y prendre en Angleterre, où le Par-
lement a voté l'instruction
obligatoire, le 9 août de l'année dernière, sous le coup de
l'enseignement terrible que
donnait à ce moment au
monde un peuple appelé à
décider lui-même de ses destinées avant d'avoir suffi-
samment appris à lire et à
écrire.

Cet enseignement, l'aurons-nous donné pour les autres seulement, et n'en prendrons-nous pas la part qui nous revient de droit, ce semble? Nous l'avons payée et la payons encore assez cher !

Non certes, ce n'est pas parce que nos soldats en savaient moins que les soldats prussiens qu'ils ont été battus. Un braconnier, parfait ignorant, est assurément plus redoutable, le fusil à la main, qu'un lettré qui n'a pas encore fait connaissance avec la poudre. Entre les garçons qui vont à l'école et ceux qui n'y vont pas, l'avantage des batailles n'est pas toujours pour les premiers, et sur ce terrain là on aurait beau jeu à plaider la cause de l'ignorance; tant qu'il ne s'agit que des soldats, c'est bien entendu.

Mais à la bataille des votes dans laquelle tout soldat devrait, pour bien faire, être son propre général, ce n'est plus la même chose. Là l'il-

lettré n'est plus qu'un zéro
en chiffre, une force aveugle,
à la merci de toutes les am-
bitions et de tous les men-
songes. Incapable de rien
comprendre aux questions
qu'on lui pose, de rien voir
ni devant lui, ni derrière, il
tire au hasard, passe à l'ennemi sans s'en douter, et
trahit la patrie dans toute
l'innocence de son âme.
Croyez-vous, par exemple,
qu'avec dix millions d'électeurs, tous en état de raisonner, on aurait pu gaspiller

aussi misérablement les forces
et l'honneur de la France
dans cette désastreuse expé-
dition du Mexique où nous
sommes allés essayer ce que
les Prussiens du duc de Bruns-
wick venaient essayer chez
nous en 92 : la restitution,
par les armes, au clergé, de
ses biens convertis en biens
nationaux? Croyez-vous que
les premiers coups de canon
de l'année dernière auraient
trouvé nos soldats à Rome,
nous donnant pour ennemi
forcé le seul allié que nous

avions le droit d'appeler à
notre secours, et justifiant
d'avance toute violation du
droit des peuples, à notre dé-
triment? Et cette guerre
même, cette guerre inepte où
tout, la justice en tête, était
contre nous au commence-
ment, croyez-vous qu'on
aurait pu la faire, après avoir
assourdi les oreilles du pays
de cette fanfare plébiscitaire :

Oui, *c'est la paix!*

Non, *c'est la guerre!*

Il n'y a pas si longtemps
de cela! Ceux qui ont fait

voter les populations sur cel air noté, seriné de comple à demi par les préfectures et les évéchés, u'ont pas encore eu le temps de l'oublier.

J'ai parlé d'électeurs sachant tous raisonner. C'est qu'il n'est pas question d'autre chose en réalité dans tout ce débat de l'Instruction obligatoire. Ce qu'il y a de grave a dire pour, est ceci : « Il est indispensable que le peuple apprenne à raisonner ». D'argument grave à lui opposer, je n'en vois pas d'autre en vérité que celui-ci : « Il est dangereux que le peuple se mêle de raisonner ».

De faire aller les enfants d'aujourd'hui, à l'école, cela n'augmentera pas la somme de raisonnement de notre corps électoral actuel, ce n'est que trop évident malheureusement ; et pour savoir lire, on n'en raisonne pas toujours mieux, surtout quand on ne lit pas, ce n'est pas moins évident, ni moins malheureux.

Mais les enfants d'aujourd'hui seront les hommes de demain, et qui sait lire, peut lire, une chance qui n'existe plus pour qui ne le sait pas.

L'instruction obligatoire prépare donc l'avenir, si elle ne change rien au présent, et elle rend possible ce qui, sans elle, restait impossible.

Voilà, pour aller au fond même des choses, ce qui passionne autour d'elle, pour et contre, et ceux de ses adversaires qui jouent franc jeu, ne s'en cachent pas. C'est à la lecture même, et à l'inno-

cente écriture, moins mal-
traitée, il est vrai, qu'ils en
ont.

On a fait assez de bruit, il
y a quelque temps déjà, de
cettefameuse *Contre-ligue de
l'Enseignement*, formée entre
propriétaires de l'Ouest qui
s'engageaient les uns vis-à-
vis les autres, à ne faire travailler que des gens ne sachant
ni lire ni écrire. C'est à la même
école qu'appartient l'inspira-
tion de ces baux de fermes,
signalés dans ces derniers
temps de plusieurs côtés à la

fois, où il est dit, parmi les
clauses du contrat, que le
fermier n'enverra pas ses enfants à l'école.

A la bonne heure au moins,
voilà qui est carré! On n'é-
branle pas aisément des con-
victions si bien d'aplomb sur
elles-mêmes; je ne l'entrepren
drais pas pour mon compte.
Qui a peur du livre doit
avoir ses raisons dont il est
meilleur juge que personne.

Mais quand on reconnaît le
bienfait de la lecture et de
l'écriture; quand on le sou-

haite du fond de son cœur à
tout ce qu'il y a de jeunes
Français et de jeunes Françaises; quand on désire par
conséquent, que les enfants
d'aujourd'hui fassent un jour
des électeurs en état de s'instruire des choses et de les
raisonner, que les mères
puissent y préparer leurs enfants, les femmes y aider
leurs maris : se refuser à la
mesure qui seule peut assu-
rer l'avènement d'un pro-
grès tant désiré, ce n'est pas
sérieux.

Ou bien il faut interdire à l'enfant l'école, comme lui étant mauvaise, ou bien il faut l'y envoyer, et de force, s'il est nécessaire, au nom du Salut public.

LES IDÉES

DE

JEAN-FRANÇOIS

www.ingramcontent.com/pod-product-compliance
Lightning Source LLC
Chambersburg PA
CBHW070945280326
41934CB00009B/2016